インプレスR&D［NextPublishing］
E-Book / Print Book

熊本地震

老健施設 7日間の 奮闘記

中村 太造

震源地の近くの80人収容する老人介護保険施設。
入所者の命を守ることを第一優先として
スタッフ一同頑張り抜いた。

impress
R&D

An Impress
Group Company

震災
ドキュメント
series

JN194547

はじめに

　地震発生当時、熊本県の益城町と西原村に隣接する菊陽町の介護老人保険施設で施設長として働いていた。施設には80人以上の利用者が入所生活しており、今度の地震で大打撃を受けた益城町や西原村からの入所者のお年寄りも多数おられた。地震発生後は、入所者の命を守ることを第一優先としてスッタフ一同頑張り抜いた。

　本書は、"熊本地震"その時に施設内の現場で起こった出来事、命令指示、対応策、行動を中心に老健施設管理者の立場から利用者の様子、戸惑う家族、スタッフの奮闘する姿や想いなどを、経時的日誌風に7日間の奮闘記として執筆した。また、その折々で工夫した事、役に立った備品や考えなども加筆した。

　結果的には、先代理事長の熱い想いがこもった施設に守られ、隣接する病院の非常用自家発電に助けられて利用者とスタッフ全員の無事を守り通すことができた。この奮闘記が、利用者や利用者家族とスタッフの記録として、また辛くとも耐え抜いた思い出として、さらに今後の皆様の防災知識に役立つことを願う一心で書き綴った。

平成28年8月末　中村 太造

目次

プロローグ

平成28年3月初旬より、前年の年の暮れに購入したプラチナの万年筆でモレスキンのノートに自分史的な回想録を書き綴り始めた。その回想録の中で、人生の大きな転機となったターニングポイントが3回あった。一つ目は、14歳の時の大病と中学留年。次は大学留年、そして最後は52歳の時に患った心筋梗塞であった。

この先、最後まではこれらに匹敵する大きな転換期はもう無いであろうと回想しながら書き始めていた。ところが、あろうことか平成28年4月14日からの"熊本地震"に遭遇、ターニングポイントがもう一つ加わるとは夢にも思わなかった。5年前の東日本大地震は同じ国民として憂慮、応援はしていたが、どこか遠い地域での出来事と実感には程遠い生活をしていた。

まさか熊本にこんな地震が起こるとは…。

神よ仏よ、我らにどれだけ試練を与え給えたら許し給うのか…。

■万年筆とモレスキンノート

1. 夢にも思わず（前震）

1-1 突然の地震

　それは突然だった。

　平成28年4月14日木曜日　午後9時26分、マグネチュード6.5、最大震度7、震源の深さ11kmの熊本地震。

　地震発生時、熊本市中央区の自宅で妻とリビングでテレビを観ていた。娘が外出しようとして2階から降りてきて玄関口へ向かっていたその時であった。経験したことのない下から突き上げるような強い揺れで家族全員座り込み、頭を両手で抱えてしゃがみ込み動けなかった。リビングには、趣味の熱帯魚の水槽が3本あり、強い揺れで水槽内の水が波打ちフローリングに散水。ダイニングの食器棚からは食器が床に落ち、割れて破片が散乱。幸いにも転倒防止対策していた家具や液晶テレビ、水槽の倒壊はなく、火も使用してなかった。電気は停電しておらず明かりがあった。妻の「靴下と靴を早く履いて」の叫び声で現実に戻った。入浴を済ませてパジャマに着替えていたので厚手の靴下とネルのシャツに着替えて、スウィングトップを羽織り外へ出た。しかし、自宅の外には誰も出ておらず静寂で、近隣の人々は家の中で息を潜めている雰囲気だった。恐らく、停電がなく明かりがあったことと、大きな地震には慣れておらず判断に迷っていたと思えた。

1-2 実家は無事か…

　それでも、経験したことのない強い地震だったために、東日本大震災後に購入し準備していた防災グッズを入れた非常持ち出し用のリュックを背負い、ヘルメットの代わりの毛糸の帽子を被って先ず母が住む実家へ安否確認のために歩いて向かった。自宅と実家との距離は近く、幹線の白山通りの道路の信号機も点いており、いつもより静かと感じる以外は普段の交通状況だった。実家には母と弟が二人暮らししていた。勝手口のサッシの窓を何回も何回も強く叩いていると、入れ歯を外した下着姿の母と短パン姿の弟がやっと顔を見せた。実家家屋には異状なく、もう就寝前の格好だった。

■防災リュック

　「何かい。揺れたけど片付けは明日にして寝ようと思っとる……」「避難？　せなんとかね？」。避難勧告や避難指示を知らせる消防車や地域パトロール車はなく、余震は続くかもしれないが過去に体験したことが無かったために判断材料はなく、大したことはないと高をくくっていた感じであった。これが大凡前震直後の熊本市内の人々の姿であったろう。

1-3 避難所へ

　この時点では、勤務先の菊陽町の老人介護施設の状況など知りたがったが電話は不通、緊急連絡網の事務長への自宅電話、携帯電話とも繋がらなかった。施設情報や道路情報が全く無かったため、今ここで勤務地へ向かうことは得策でないと考え避難所へ向かった。もう一つ避難所へ向かった理由は、飼っている柴犬が地震に怯えており安心させる意味で散歩がてら避難所へ向かった。避難所は、自宅から歩いて約200mの近くの小学校の体育館だった。緊急避難場所情報は、東日本大震災後に地域防災訓練が一度あり参加していたことから知り得ていた。

　避難所である小学校の体育館には、数組の避難家族、地域消防団の方々、地域自治会の方々が既に集まっておられた。しかし、地域自治会の方々や避難者には未だ緊張感や不安感はなく、どこかのんびりとした雰囲気があり、これから起ころうとしている本震など誰も夢にも思っていなかった。時間的には夜の11時過ぎでしゃがみ込むような余震が断続的に続いていたが、続々と地域住民が避難してくるような事態ではなかった。体育館出入り口で氏名、住所、連絡先を記載して校門付近を見渡してみると、校門門扉が人一人通れる程度しか開けてなかった。

1-4 門番の申し出

　何故、全開しないのかと応援に駆けつけていた地域自治会の方に尋ねてみると、「門扉を全開にすると自家用車が勝手に入ってくるから」との返事であった。これでは、避難所として体育館が開放されている事実が地域住民には分からないし、身体が不自由な障害者やお年寄りを乗せた車が体育館入り口に直接乗り入れることもできない。さらに、体育館内の照明から漏れてくる明かりだけで門扉周辺を照らす照明もなく暗かった。明かりと人の気配が不安を少しでも軽減できるのではないかと思い、門扉を全開にして非常用の懐中電灯で足元を照らす門番の役目の申し出

を行ったところ許された。

■避難所の小学校正門

　門扉を全開にして、その中央に仁王立ちの姿勢にて懐中電灯で左右の道路を照らし、携帯用のラジオの音量を少し大きくして、避難所として開放していることが分かるような行動を行った。その間、余震は頻回に起こっていたので、日付が変わる頃から校区内の人々や幼い子供を連れてくる家族、そして独居老人の方々が隣保の人々に連れられ三々五々と毛布と身の回り品を持って避難所に集まりだした。前震後の余震が頻回で大きかったため、「ちょっと違う？」と感じながらの行動であったろう。これまで地域の方々と全く接するような地域活動は殆どなかったので、避難してくる方々に顔見知りはいなかったが、「こんばんは」と一人一人声をかけた。お互い顔さえ知らなくてもこのような状況下では挨拶されれば少しは安心できると思ったからである。

1-5 ペットも家族の一員

　避難者には、小型の室内犬を連れてくる住民も多かった。ペットは原則として体育館内には入れない事を了承して頂き、体育館の外の学校敷地内で避難をしてもらった。ペットと一緒に避難所へ来る住民の方々は

思っている以上に多く、ペットと共存している社会現状が垣間見えた。しかし、暴れたり吠えたりする犬は一匹もおらず、怯えている様相だった。本能的に尋常ではないと察していたのだろう。

■我が家のへたれ柴犬

　避難住民には、その時点で怯えて泣いている子供や念仏を唱えている老人の姿は見られず不安や恐怖感、緊迫感は全くなかった。消防団も避難勧告などの拡声器を使った指示はなく、回転灯も用いることなく、地域消防団の小型の消防車で巡回しているだけだった。実家の母と弟も午前1時前に避難してきたが、避難の必要はないのではと避難行動に懐疑的であった。

　0時半過ぎに施設の事務長の携帯と繋がった。当直スタッフからの報告では入所者には異常なく、施設被害も見られず電気を含めライフラインにも問題なし、これから車で市内から菊陽町の施設へ向かう予定である報告を受けた。入所者の利用者と職員スタッフが無事であった事に安堵、事務長が施設に向かうことから道路事情が明らかになると判断して次の連絡を待った。

1-6 避難所の様子

　避難所である体育館内にはテレビやラジオはなく、皆ただひたすらにスマートフォンの携帯を操作していた。私個人は、このような状況下に

おいては正確な情報が得られるまでには数時間要し、SNSからの情報は信頼性が低く、デマや噂を煽って不安を広げると考えて、防災用の携帯ラジオから得られる情報だけに制限した。案の定、「イオンモールが燃えている」「動物園の檻からライオンが脱走、街中にいる」などの情報が錯綜し始めた。日本人はいつからそんなにセッカチになったのだろうか。情報は、必要な時に必要な者が活用すべきで、実際に自分の目で見たものや五感で感じた事実も合わせて判断、行動すべきと常日頃思っている。また、判断に迷ったら躊躇なく周辺の意見も参考にしたほうがいい。

ラジオからは、震度7の大きな地震で余震には十分な注意を、益城町で家が倒壊して救助活動しているが死者が出ているとの状況、県庁に知事を長とする特別災害対策室が設置された、救急病院には地震による負傷者が多数押し寄せている事、どうやら熊本市民病院は地震により使えなくなっているなどの情報が集まりだした。

午前1時過ぎ頃から大きな揺れを感じる余震の回数も少なくなり、新たに避難を求めてくる住民も減り、停電もないので自宅でテレビでも観ながら過ごそうと思い始めた避難者が逆に自宅へ帰る姿がちらほら見受けられた。特にペットを連れている家族の帰宅が多くなってきた。実際、弟は帰宅、母も「帰る」と言い出す始末だった。

1-7 施設へ

菊陽の施設に到着した事務長から電話連絡が入ってきたのもその頃であった。健軍の自宅から国体道路を上って施設へ向かう道路は、信号機も作動しており、通行止めや地震による建物や看板、塀などの倒壊は見られず普段と変わらない道路状況との連絡を受けた。そこで帰宅願望の母を今晩だけでもと説得、携帯ラジオを手渡して門扉の役目を辞する事を伝えて、自宅の車で菊陽町にある勤め先の老健施設へ向かった。

1-8 施設の場所

　施設は熊本市中心から北東の菊池郡菊陽町にある。熊本市と阿蘇山のちょうど中間地点と言える。

■施設の場所　© Google

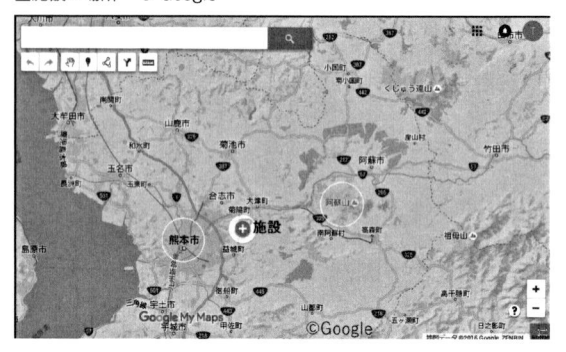

■施設周辺の町　© Google

　益城町、西原村や大津町と隣接しており、東の阿蘇熊本空港まで約4km、西の県立総合運動公園まで5kmある。震災被害の大きかった益城町役場と西原村役場とは、各々7km、9.5kmと近い位置にある。ちなみに、施設から熊本城まで16km、熊本駅まで17km、熊本市中心から車で約40分かかる。空からの航空写真の施設は、緑に囲まれた小高い丘の上に立っている。施設奥には、4月に女子ゴルフツアーが開催されるゴル

フコースが広がっている。

■空から見た施設　© Google

■追記

追記①　名もなきボランティア

　小学校体育館の避難所の門扉前で避難者の誘導や案内をしていた時、足が不自由で介助が必要な老人を自分の軽自動車に乗せて、「お願いします」と避難所に預ける行動を数回繰り返す20代の若者がいた。直接話していないのではっきりとどこの誰それと分からないが、献身的な姿に心を打たれた。

■若いボランティア

追記②　気が付いた者が…

　避難所となっている小学校体育館の出入り口前の階段には、生徒が大切に育てている草花のプランターと鉢花がぎっしりと密に並べてあり、一

■体育館のスロープと階段

部は車いす用のスロープにも置いてあった。プランターが倒れている数は多くなかったが、何時プランターが倒れて邪魔になることも予想されたので、地域自治会の方々と協力して階段やスロープに並べてあるプランターを移動、倒れない様に数カ所に集めた。階段やスロープに置いていた生徒や学校が悪いのではなく、気づいた人が対処する事で事が済む。

追記③　故人曰く…

　4月14日の地震では、電気、水などのライフラインは問題なかったが、防災リュックや防災グッズを携えてヘルメット着用していた避難者は皆無であった。私の地域では地震に限らず水害や台風などの自然災害で避難勧告や避難指示を受けたことはなかった。それくらい住民には自然災害の猛威の前には無防備だった。何度も繰り返すようだが、この後に本震が起ころうと誰も予想、予知できなかった。

　故人曰く、"天災は忘れた頃にやって来る"（高知の物理学者　寺田寅彦の名言より）。これぞ名言なり。

■後日談　「母らしか…」

　防災用の携帯のラジオを母に手渡して避難所から施設へ向い、1週間

後にようやく自宅に帰ってきた時の妻との会話。

■携帯ラジオ

　私「防災リュックは役にたったろう？」

　妻「何言いよっと。いっちょん為にはならんかった」

　私「イヤイヤ。懐中電灯もラジオもあったし、非常用用品も揃っていただろ？」

　妻「ラジオなんて無かったよ」「体育館の避難所の中で義母さんが、"こぎゃん時はラジオが一番""ラジオは必ず持ってこんとイカン"と言いながらラジオ情報を顔見知りのご近所さんを集めて得意げに情報流していたのヨ」「それはそれは注目の的で鼻高々のご満悦だったのヨ」

　私「ちょっと待て。そのラジオとは手のひらサイズで安っぽいラジオかい？」

　妻「それそれ。そのラジオで手柄一人占めヨ」

　私「あ〜。そりゃ俺が施設に行く時に手渡したラジオたい。防災リュックにあったヤツばい。かーちゃんは何も言わっさんだったかい？」

　妻「一言も……。お母さんらしか。いつものことだけど……」

　私「……（絶句）」

　＊母らしか：母らしい、母っぽいの熊本弁

■補記

介護老人保健施設とは

介護を必要とする高齢者の自立を支援して家庭復帰を目指す目的で、医師の医学的管理下のもと、看護・介護のケアやリハビリテーション、食事、入浴などサービスを提供する施設。施設を利用できる方は、病状が安定して病院での入院治療の必要がなく、要介護1〜5の介護認定を受けた方と制限がある。利用者には、介護必要度が高い寝たきりの高齢者や重度認知症のお年寄りも一定の割合でおられる。

■施設外観

　「老健（ろうけん）」と略して呼ばれることがあり、常時介護が必要で在宅生活が困難な要介護者の入所施設、特別養護老人ホーム（とくろう）とは区別される。

　震災時に老健施設に求められる役割（※）は、

・施設利用者の安全確保

・地域の要介護者の救援・支援対策

・被災者への救護対策協力

である。

　老健施設には、医師、看護師、介護士が常勤しており、また簡易的な医療機器も備わっているので被災者の救護まで求められている。

（※）全老健施設協会編集　「震災マニュアル」からの引用

2. 恐怖と勇気（本震）

4月16日は土曜日、前震による施設の大きな損害もなく、入所者の状態も安定していたので、半日勤務して、熱帯魚の掃除を行い午後から帰宅予定であった。15日金曜日の夜は、リハビリ室に設置してあるリハビリ専用のベッドで寝た。スプリングはない硬いマットで鉄製のパイプの脚にて頑丈なベッドである。平成28年4月16日土曜日　午前1時25分。マグニチュード7.3、最大震度7、震源の深さ12km、これが本震。

2-1 恐怖

　下から音を立てて突き上げてくる激しい揺れで目が覚めた。起きることもできず、やっとベッドの下に潜り込んだ。

　恐怖で頭を抱えて耐え忍ぶしかなかった。

　「くそー」「ちくしょう…」と叫び、「まだか…」「まだか…」と声を出さなければ押しつぶされそうな、とても長い地震だった。

2-2 勇気をふりしぼり

　ようやく、長くて経験したことのない恐ろしい地震の揺れは収まってきた。しかし、ベッドの下から這い出ることは恐くて恐くて体が動かなかった。

　その時、廊下を走るスリッパの音が聞こえた。「ダイスケ…」とリハビリスタッフの名前を大声で絞り出した。これで現実へ戻ることが出来た。彼の走るスリッパの足音に救われたのだ。

続けて「スタッフをホールに集めてくれ」と最初の指示を出した。

2-3 初動

夜勤勤務者は私を含めて総勢7名、集合したスタッフに次の指示を出した。
① 入所者の安否確認
② 施設の破損、損害状況確認
③ ライフラインの確認

2-4 初期判断

確認事項を分担して情報を集めた。「施設外への避難が必要かどうか」の判断をするための最低限の情報が必要だった。

入所者は、就寝中の出来事で転倒、外傷、病状悪化などは見られないとの報告が来た。助かった。

施設の破損、損害状況は、夜間にて外の損害状況は不明だったが、見回りした範囲では居室内の物が倒れた程度であった。また、火災の発生や水道管の破裂などもなかった。

施設の水道水は井戸水を利用していたが、水は蛇口から勢いよく出るものの白く混濁しており、とても利用できないとの報告だった。電気は隣接する併設病院の非常用自家発電からの供給にて停電はなかった。

以上の情報にて「当施設での避難続行可能」と判断、「早出職員が出勤までの4時間ほどの辛抱、死守」とスタッフを鼓舞した。

2-5 中央管理体制の設営

当時、80名を超す介護必要な高齢者が入所生活していた。各居室毎の訪室やコールの対応は無理と判断、マニュアルに準じて利用者を各階の

ホールに集めて避難させた。

　常に介助が必要な要介護4、寝たきり状態の要介護5の利用者が十数名あり、1階のホールにベッドごと集めた。そして中央管理体制をするために、夜が明けるまで時間で下記をスタッフ全員で協力して行った。

（1）トリアージ（※）

（2）ベッドの配置

（3）医療機器の配置と配電

（4）医療物品の整理と集積

（5）感染区域の設定

（6）嚥下障害利用者への対応

（※）トリアージ

　医療の現場では医療スタッフや薬品など限られた医療資源を最大限に活用するために、患者を疾病の緊急性、重症度に応じて分類を行い、治療に優先順位を決めることをトリアージと言う。

　（1）通常一般のトリアージ分類では現場状況にマッチしない事より独自のグレードを決めて、ホワイトボードに書き、グループ分けをした。

グレード5：吸引や酸素投与などの処置が必要

グレード4：寝たきりで、日常生活は全介助

グレード3：軽介助で1〜3時間は座位可能

グレード2：半日以上は座位可能だが、看守りが必要

グレード1：日常生活において介助は殆ど必要ない

　（2）当然グレード数字が高いほど医療必要度が高く、病状は不安定となる。グレード4、グレード5の入所者は13名、全員1階中央ホール東側にベッドを配列して、必要な医療機器を配備した。ベッドとベッド間は、人一人通れるほどのスペースを確保した。

　（3）問題は配電だった。非常用自家発電にて電気は確保できていたが、

■ホワイトボードにグループ分類を書
いた

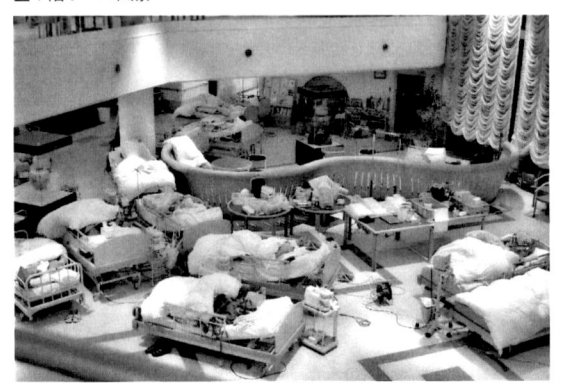

■１階ホール風景

各エリアに電源を配電する必要があった。混線や配電ミスは時として医療現場では命取りになる。現在は電動ベッドが主流で電気がなければ唯の大きなベッドで邪魔になる。限られたコンセントから各エリアに配電するためには多くの延長コードやタップが必要だった。施設管理所有のリール式延長コードは2つだけで絶対数が不足していた。

　ここで役に立ったのが熱帯魚飼育用の延長コード付きテーブルタップだった。また、見落としがちな救急カート後面の配電盤も活用した。

　(4) 必要な医療機器や器具、物品などはホール中央のテーブルに置いて管理した。

　医療現場では常に感染に配慮する。しかし、流水による手指の消毒が

■リール型延長コードと配電

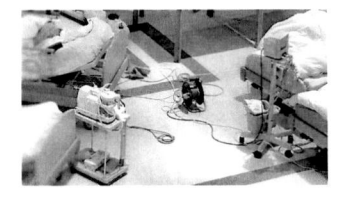

■救急カート後面のコンセントも利用

できない現状では厳密な感染対策は無理である。震災直後の状況下では
ディスポ製品の使用、汚染区域の設定が精一杯だった。医療廃棄物や汚
染消耗品、排泄ゴミなどを廊下の一区域に汚染区域を設定した。

■ホール中央の医療物品

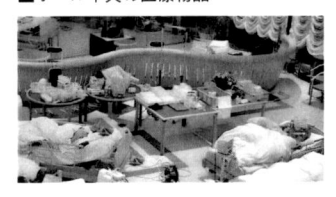

■汚染区域を設定

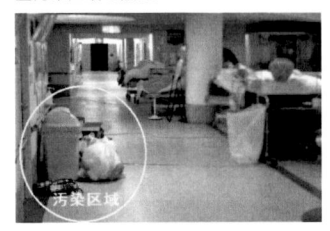

　(5) 比較的自分で身の周りのことがある程度できる利用者も、避難行

■ホール中央に必要物品を集めた

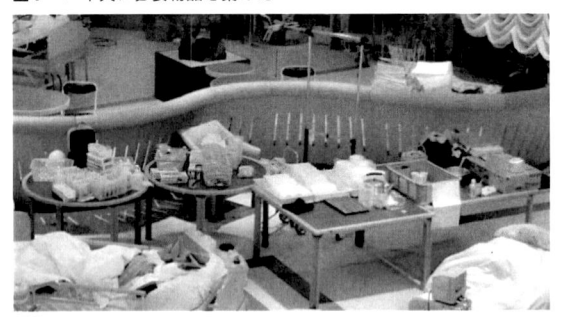

■１階廊下風景

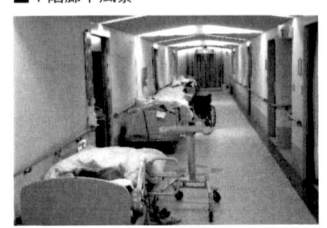

■２階廊下風景

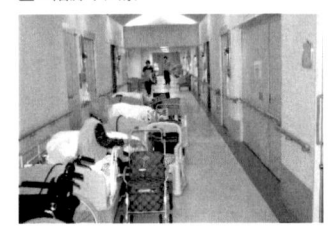

動や病状の変化にすぐに対応できるようにベッドごと廊下へ出て頂いた。高齢者となると大なり小なり飲み込む力が落ちる。食事中にむせたり、誤嚥性肺炎（※）を併発する。そのためにおかずを細かく刻んだり、ミキサーでドロドロにしたり、お茶や汁物にはトロミを付けて提供する。その嚥下機能も個体差があり、食事や水分の嚥下対応食は個人の嚥下機能に応じたオーダーメイドに成らざるを得ない。どのお年寄りがどんな食事提供が必要かは、限られた看護師や介護士などのスタッフ情報となっている。そこでスタッフ全員が判るように嚥下機能別にグループに分け

て車椅子のハンドルにビニールテープで色分けして間違えないような対策を取った。さらに嚥下食やトロミ茶の作成や配膳は専門のリハスタッフを専従させた。

（※）誤嚥性肺炎

人は年をとるごとにむせたり、就寝中に唾液で咳き込んで目が覚める。足腰が弱るのと同じように飲み込む力（嚥下機能）も低下してくる。さらに、嚥下機能が低下すると食べ物や水分が気道の方へ流れ込む。その結果肺炎を引き起こす。これが誤嚥性肺炎と言われる。肺炎は日本人の死因の3位に浮上している。

嚥下機能が低下する原因として加齢の他には、脳卒中や神経疾患などの病気がある。また、見逃しそうなのが、ある種の薬の副作用で嚥下機能が落ちることもある。

2-6 緊急地震速報と笛の活用

緊急地震速報の端末は1階のナースステーション内にあった。地震速報から地震到達までは極めて短く、緊急地震速報の情報を活用するには伝達方法を考える必要があった。

その伝達手段として2つの笛を用いた。腰痛で通常業務が困難なスタッフをナースステーションでの専従と決め、端末からの緊急地震速報が鳴れば「ピーーーピーーー」と長く笛を吹いてもらった。その長い笛の音が聞こえたら全職員その場で自分の身や近くの利用者を危険回避する行動（頭を抱えて低姿勢をとる。机などの下へ避難するなど）を行うように命じた。

もう一つの笛は、行動の中止命令を知らせるための笛として私が所有した。中止命令は短い笛の音（ピピピ）と取り決め、全館一斉放送はしなかった。

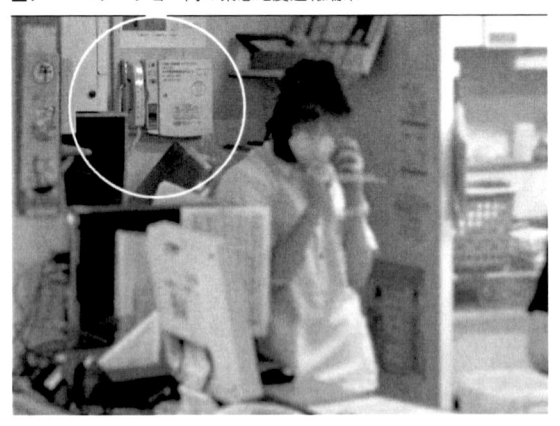

■ナースステーション内の緊急地震速報端末

■警報を知らせる笛

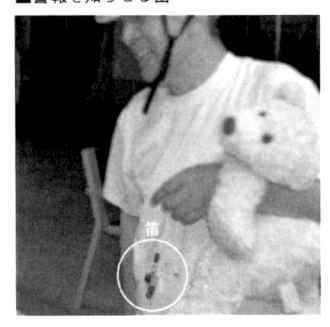

■余談

　日勤者が出勤する前、一人のスタッフにお金を握らせて近くのコンビニへ向かわせた。目的はスナック菓子、カップ麺、菓子パン何でもちょっと腹を満たすものをあるだけ買っておくことだった。東日本大震災後のパニック状態の映像からそうさせた。

2-7 緊急対策実施本部の立ち上げ

　朝の8時前後より日勤のスタッフが出勤、集まりだした。

　各部署長には出勤者全員から、本人の状態、家族の安否、被災情報な

どを簡単に聞き取りを行い、もしもその中で帰宅して対応が必要と判断した場合は、部署長権限で帰宅命令を出してもらった。

　緊急対策実施本部は、臨時の最高意思決定権を有し、本部長は必要な情報の集約、その情報を基に判断して的確な指示を行い、正しい情報を発信するセッションと伝えた。

　メンバーは、各部署から師長、事務長、科長、主任クラスまででの管理職中心に構成した。さらに、1日2回（午前午後）の定例ミーティングの開催とその場で最重要優先事項を話し合い、決めていった。当然、時間経過とともに局面は変化するので内容や優先順位も毎日変わった。

　本部長は施設長の私が、副本部長に事務長を任命した。また、施設内に4枚のホワイトボードがあったので使用した。震災直後の情報の共有化には書類やPCよりも、一目で判るホワイトボードが有用だった。今はカラフルなボード用インクペンが豊富にあるので活用するといい。

■小さなサイズのホワイトボード

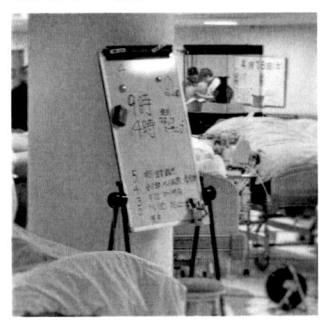

　本震直後の最重要優先事項を決定した。

① 利用者の生命、安全の確保

② 飲料水と食事の確保

③ 緊急臨時勤務体制の発令

④ 感染対策

① 利用者の生命と安全確保を最優先とした。この先、判断に迷うような問題や対応に遭遇した場合には、常にこの最優先事項に照らし合わせて判断・行動するように指示した。

　② 一番の問題点は飲料水や食事に使う水の確保だった。町や地域自治体に水の支援を要請したがはっきりとした返答はもらえなかった。

　その時誰かが、「ウォーターサーバー用のストックがある」と声を上げた。直ぐに確認すると6箱のストックがあった。1箱7.8Lあり、栄養科に4箱と入所に2箱配分した。これで当面はしのげそうだった。

■ウォーターサーバー（右）とススストックの水

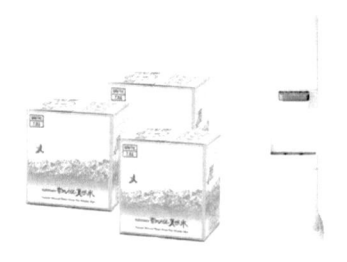

　最初のミーティングで栄養科は主任1人しか出勤できておらず、食事の提供は火急の問題であった。食事は1日2食、間で間食を入れ、食器類は全てディスポ製品で食後は廃棄と決めた。厨房も各部署から応援体制と依頼した。食材も在庫あるもので賄い、流通が再開して配送できるまでは地域自治体からの支援も要請した。

　昼過ぎから厨房の調理師スタッフも出勤してきた。スタッフ用のおにぎりと漬物類程度は提供できるとの報告を受けお願いした。職員の食事場所は、業務停止している通所リハに指定、避難者や面会家族も一緒に食べた。但し、もったいないと言って取り置きせず廃棄するように注意した。黄色ブドウ球菌による食中毒が怖かったからである。

　夕には町よりパンとバナナの支援を受けた。届いたのが夕食後だった

ために、勤務を終え帰宅するスタッフや面会に来られていた家族に持たせた。もし食べ物が底をつくようならば売店をあけて、商品も利用することも決めていた。

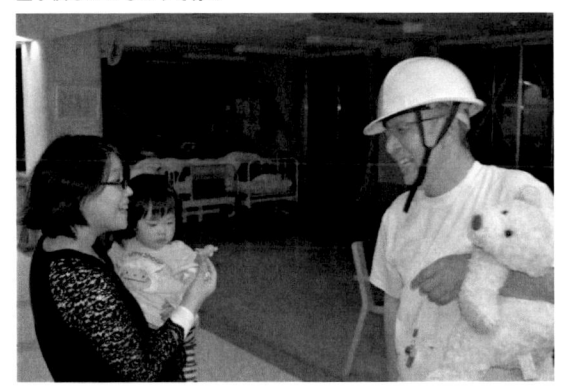

③ 通所業務は指示あるまで中止。業務内容の変更や配置転換、メンバーの再編などは現場に任せた。だが、通常業務を停止して緊急体制下での臨時勤務体制の理解がスタッフには難しかった。ルーチン業務に固守する者、何をしてよいか判らず戸惑う者、勤務時間帯や勤務表の変更を何度も尋ねる者など多いことには驚いた。この傾向は、介護士に顕著で、次に看護師も抵抗感が見られた。恐らくルーチン業務の遂行、命令指示系統、ケアの手順・方法、休憩時間の取り方など徹底的に教え込まれているのだろう。特別な事態と頭では分かっていても枠からはみ出ることに躊躇、思考停止、抵抗が見られた。今後の課題だった。当面は、絶対的権力を有する者が命令するしかなかった。

④ 依然として水道水による手指の消毒が出来なかったので、ディスポ製品の使用と汚染区域の設定などの感染対策をした。戦場における野戦病院のイメージを考えてくれればよいのだが、看護サイドから見れば何

■ホールでのスタッフミーティング風景

とも歯痒かったのではないか。また、プライベートの配慮を排除した点にもスタッフより不満がでた。

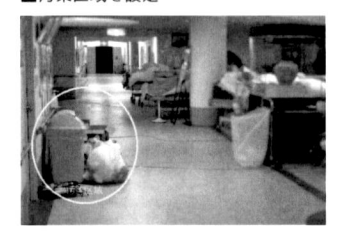
■汚染区域を設定

　細かいことだがティッシュペーパーとトイレットペーパーの使用を停止、代わりにペーパータオルの使用に変更した。ティッシュペーパーやトイレットペーパーは良く水を吸い取るが直ぐ溶ける。ペーパータオルはゴワゴワしていることからキッチンペーパーを使用した。これは、私の熱帯魚の世話から出たアイデアだった。キッチンペーパーのストックは、厨房用と私物を合わせると十分あった。

2-8 震災マニュアルの配布

　恥ずかしながら施設の震災マニュアルは作成してなかった。
　本震後の朝6時頃に事務長との会話で全老健編集の「震災マニュアル」の話が出てきた。数年前に数部購入して各部署に配布した経緯を知った。私も初めて見る小冊子のマニュアル本で、朝のミーティングまでの時間

を利用して読んでみた。震災直後の対応はこのマニュアルに準じて行っている。必要な章をコピーして各部署に配布、管理職は目を通して置くように伝えたがそんな暇はなかった。いいマニュアル本だと思った。このマニュアルをテキストに利用して、2日間介護士さん達と夜間に輪読会を行った。

■震災マニュアル

　東日本大震災を契機に公益社団法人　全国老人保健施設協会が編集した、主に震災を想定したマニュアル本。老健施設が施設として、老健で働く職員として取るべき非常時の対応規範がまとめてある。

■震災マニュアル

　内容は、震災に備える事前対策、震災発生時の行動指針、震災発生直後の活動指針の3部構成になっており、簡潔で解かりやすい内容となっている。今回の地震後のマニュアルとして大いに役に立った。リスクマネジメント教育の教科書として推薦の本である。

2-9 利用者の状態報告

　幸いにも病状の悪化や精神的動揺が増悪した利用者は見られなかった。本当によかった。

2-10 リハビリテーション

　災害時のリハビリテーションの有用性、効果についての医学的根拠と東日本震災におけるJMAT（※）の活動は研究会の講演で知っていた。

　リハスタッフには、朝夕1日2回全員で体を動かして筋肉の萎縮予防や血栓予防をお願いした。また、ピンマイクを利用して利用者の表情を見ながらのリハ指導やホールで輪になってリハビリ行うことでの不安解消を目的とした。幸運にも震災後に寝たきりになったり、血栓が飛んだ利用者は見られなかった。

（※）JMAT（Japan Medical Association Teamの略）

　JMATは日本医師会により組織された災害医療チーム。有名なDMAT（災害派遣医療チーム）が、災害発生直後から3日間（72時間）の超急性期に現場に駆けつけて救急医療を提供する。JMATはDMATを引き継いで避難所や救護所における医療を担当するのが役割として結成される。

2-11 スタッフの被災情報

　施設は、場所的に大きな被害を被った益城町と西原村に隣接している。当然その地域から出勤してくるスタッフもいた。さらに、熊本と阿蘇を結ぶ阿蘇大橋を渡って来るスタッフもいた。住まいが半壊、全壊のスタッフ、全壊にて家族を県外の親類へ送り届けてきたスタッフ、本震当日が引っ越し予定で引っ越し先のアパートが被災したスタッフ、南阿蘇の父親と連絡が取れないスタッフ、小さい子供が怖がってお父さんを離さない

スタッフ、家族全員避難民となったスタッフなどスタッフも被災者だった。それでも優先的に出勤してくれた。幸いに本人、家族とも皆無事だった。本当に安堵、うれしかった。

2-12 その他の業務確認

その他に臨時の指示、命令など伝えた。
① インカムの使用指示
② 盗みは即解雇
③ 情報は流すな、持ち込むな

①数か月前にイベント用のインカムを10台購入した。本来の目的は、祭りや花見、新年会で担当スタッフ間で利用する事だったが、震災後威力を発揮した。

■玄関横に携帯電話とインカムの充電場所を設置

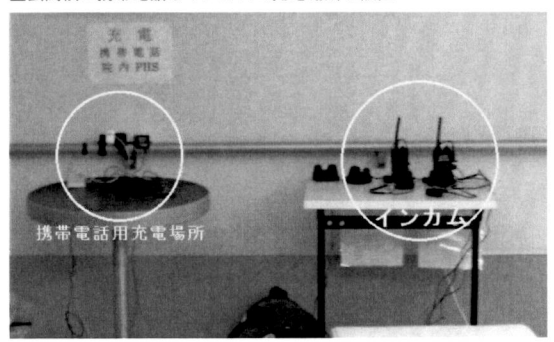

②施設の備蓄、支援物資に手を出した者には厳罰とした。ジャンバルジャンは許さず、事情あるものは所属長に相談、相談受けた所属長は報告、対処に応じる事を伝達した。

③施設情報はSNSなどで流すことは禁止。また、うわさ的情報も施設

内では広げないなど情報コントロールを命じた。緊急時には何が起こるかわからないからだ。

　震災や支援などの情報は、対策本部からの発信のみと限定した。実際には、数時間毎に県や町、ネットの情報を簡単にまとめて事務スタッフから報告を受けただけだった。自らPCや端末で情報を集めることはしなかった。それで事は済んだ。

2-13 緊急被災者の受け入れ

　本震直後より家族や担当ケアマネージャーから、緊急の短期入所依頼が押し寄せた。定例のミーティング終了まで返事を保留していたが、返事待つことなく施設へ用意して来る家族もあった。原則的には当施設利用者は問わず受け入れる方向の指示を出したが、入所利用者の安全確保が困難となるようなケースはお断りすることもあることもスタッフには理解を求めた。

　頸髄損傷にて下半身麻痺の西原村在住の利用者とその家族、脳出血の片麻痺の利用者と2人暮らしの夫婦、ペットも連れて避難に来た娘親子、自宅が全壊したスタッフ、避難が必要なスタッフ家族などだった。また、西原村の家が全壊となっても息子のところへは避難せず、車中泊していた高齢のおじいちゃんなどの受け入れを決めた。16日夜の時点で総勢87名となった。

　悲しいニュースもあった。通所利用者のおばあちゃんが益城町の自宅で亡くなったとの知らせだった。前震後も倒壊寸前の自宅で寝起きしていて、じいちゃんの仏壇から離れなかったそうだ。

2-14 絶対指示は節約、辛抱

　電気の供給は心配なかったが、水と食料、日用品などの物資は目途が立たず、「絶対指示は節約・我慢」と皆に伝えた。我慢は1〜2日間だろ

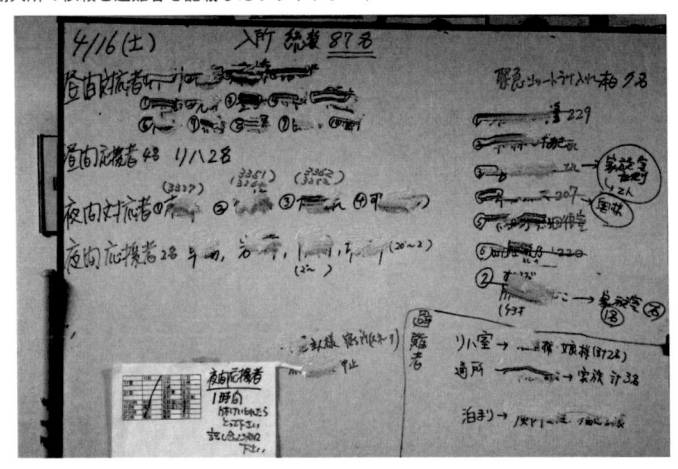

うと予測していたが、楽観的な予測は戒め余計な情報は流すのを控えた。

2-15 4月16日の夜更け

明けて4月17日日曜日の深夜の町は、音もなく漆黒の闇に包まれていた。幹線道路の信号機、街灯、家の灯りもなかった。恐ろしく静寂な夜だった。

3. 正念場（本震後2日目）

平成28年4月17日日曜日　天気　曇り、最高気温20℃、最低気温15℃。どこで寝たのか覚えていない。今日は日曜日、週明ければ…と念じる。

3-1 最重要優先事項

① 利用者の生命と安全の確保
② 水・食料の確保
③ 緊急臨時勤務体制の継続
④ 感染対策
前日の最重要優先事項と変化なし。

■ホールで寝ていたらしい

3-2 ライフライン

　水道水の白色混濁は前日と変わらず、トイレの排水のみの使用とした。このまま水道水が使用できなければ厨房は深刻な状況に落ちる懸念があった。町や地域自治体などに給水の要請をしているが返事ははっきりしない。それでもスタッフがあちこち駆け回り水を得ることが出来たし、避

難家族からの飲料水の差し入れや自販機のレンタル契約しているコカ・コーラさんからの提供も有り難かった。コカ・コーラさんも自社倉庫のボトルケースが倒れ散乱、配達業務がいつ始まるかわからないそうだ。

入浴は中止状態。最終手段として医療用の精製水の使用も考えた。食材もこれまた危うい状況の一歩手前だった。

■医療用精製水も利用可能

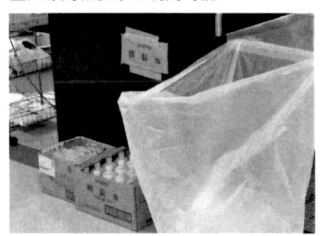

電気は、有り難いことに停電なく安定した供給状態だった。明かりがあったからこそ人々の心には安心感があった。電気は電化製品を動かすために必要ではなく、人間に安らぎを与えてくれる明かりに必要と思った。

3-3 入所者の状態、様子

入所者の病状、精神状態とも大きな変化なく安定していた。しかし、まだ震災直後で家族の面会は少なかった。

一人のおばあちゃんが玄関前の受付カウンターに車椅子で近づいてきた。「テレビで益城町は全滅みたい」「さっき、知り合いが亡くなったと放送があった」暗く悲しみに沈んだ表情だった。今度の震災は容赦なく全ての人に悲しみと苦しみを与えた。家族の声だけでも救われるかもしれないと思い、家族への電話を介護士にお願いした。

電話繋がりでもう一つ。毎朝施設から利用者の状態を家族に定期的に電話報告していた。しかし、電話連絡を伝えても本人の不安軽減には至らなかった。そこで子機を使って直接家族と話して声を聴くと両方安心

した。子機も使いようによっては…。

3-4 協力の要請

この時点で水や食料、毛布などの物資支援の要請は行ったが、医師や看護師の派遣、地域住民の協力は必要なかった。

3-5 予報は雨

17日午後から18日深夜にかけての天気予報は雨。それもまとまった雨の予報だった。平成21年の山口県防府市の豪雨による老人ホームの土砂災害、2年前の南阿蘇での豪雨による土石流が頭をよぎる。

入所利用者を一同に集めていたホールの東南はガラス一面の壁、ガラス戸を開けるとテラスへ出る。テラスには午後のティータイムを過ごすパラソル付きのテーブルと椅子がある。庭園には冬のロウバイ、梅、早春のトサミズキ、レンギョウ、サンシュユ、そして桜、ツツジの花が楽しませてくれる。夏にはホトトギスやヒメシャガ、珍しいところでムサシアブミの山野草が茂る。秋にはモミジの紅葉が見事で、山の傾斜を利用して散策、森林浴ができるように小路がある。その奥は竹藪が広がっていて、隣の空港カントリーゴルフクラブのホールと接している。鳥が

巣箱に寄って来たり、時には野生の鹿とも出会える。

■空から見た施設のテラスと庭園

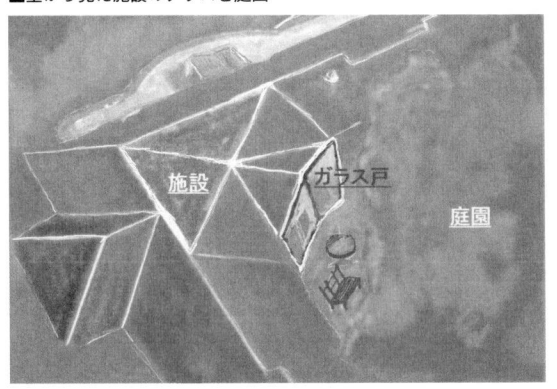

■山斜面方角の土砂災害対策

　しかし、その庭園の斜面が危ない。地震後に直接庭園の点検はしていない。地震で緩んだ地盤に雨が降ると地滑り、土石流の土砂災害も最悪の場合想定した。その対策として、リハスタッフ中心にまず入所避難者をガラス窓から離した。さらに窓ガラス全てにガムテープで補強、さらに衝立を立てて、テーブルとチェアを並べてバリケードを作った。

3-6 利用者の急変

雨対策も終わり、夜の10時過ぎに炊き出しのおにぎりや漬物など遅い夕食を避難家族と一緒に通所リハのスペースで取っていた。その時、1階のおばあちゃんが何か喉に詰まらせたみたいで呼吸が悪くなっているとの連絡を受けた。

■呼吸困難

■挿管、酸素投与

ホール中央へベッドごと連れてきた。口の中や喉の奥まで吸引したが効果なく、異物を除去するハイムリッヒ法による救命措置を試みるが反応は鈍く、呼吸状態も弱々しかった。

■ハイムリッヒ法による異物除去

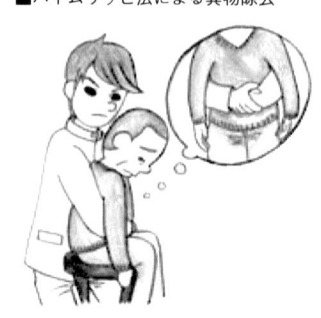

医療スタッフは医師1名、夜勤看護師1名だった。幸運にもリハ科主任が夕食の場にいたことを思い出し応援を頼んだ。彼は、一次救命処置（BLS）のインストラクター資格を有し、毎年職員相手の講座を開いている。また、アパートが被災して施設に避難している看護師さんもお願いした。

　全部で4人。吸引や酸素投与では改善しない事より口から酸素呼吸するための管を挿入した（気管挿管）。続いてバックでの強制換気、酸素投与、点滴開始など行った結果、徐々にではあるが回復の兆しが見えてきた。通常であればこの時点で後方病院や急性期病院への搬送、転院加療を依頼するところだが今は無理。急性期病院へは依然として被災負傷者などが多数押しかけていてパンク状態、熊本市民病院に至っては施設建物が被災して入院患者を避難転院させている状況。ここで診るしかなかった。

■家族への説明と家族の要望

　午前2時過ぎに娘と息子、親類が駆けつけてくれた。状況や経緯の説明には納得されたが、「大きな病院へ移してくれ」と息子さんが希望された。このような非常事態で受け入れてもらえる病院はないことは重々承知のことと思うが、いざ自分の母親となると最善の方法を選択するのはどの家族も同じだった。娘さんは理解され、ここでの治療に同意してくれた。

　その後、おばあちゃんの病状は徐々にではあるが回復、弱いが自分で呼吸、わずかな反応も出てきた。実際、夜明け前には自分で呼吸することができて、声掛けにも開眼してきた。口から入れた管も抜去し、病状回復へと向かった。リハ科主任と看護師の応援に助けられた。

3-7 遠くにヘリの音

　夜が明けたら月曜日。何とかなると自分に言い聞かせた。幸いにも雨も小降りで雨音も消えていた。

■施設は空港と県総合運動公園の中間地点　© Google

　午前4時過ぎだろうか、耳を澄ませば遠くでヘリの音が聞こえる。周辺スタッフに確認しても聞こえたのは私だけだった。空耳か。さらに夜が更けてくると、今度は遠くでかすかだがはっきりとヘリの音が聞こえた。間違いなくヘリの音だ。近くの熊本空港は閉鎖しているとの情報だったので、反対方向の約4km離れている県総合運動公園のヘリの音で、救援物質や救援隊を自衛隊機で運んでいるのだと勝手に想像した。自衛隊機は夜間飛行もするからだ。果たして正解だった。支援部隊と支援物資を運動競技場に落としているヘリの音だった。

　雨も上がり、救援活動が自衛隊中心に始まったと実感する。施設から遠く運動公園方向を見ると昨夜とは違い道路と家の明かりが少ないながらもポツポツと見える。ここを踏ん張れば…イケル。

■余談

「灯りを求めて」

　施設は高台にあり大津町や阿蘇方面を眺望できる。本震直後の夜は暗

黒の闇だったが、日曜日の深夜は幹線道路と家の明かりがポツポツ見えた。周辺地域は広範囲の停電様態だった。ただ一つ、非常用自家発電のある病院とこの施設を除いて。

この日の夜11時過ぎに車で駆け込んできた中年の女性がいた。

「車を走らせていたら灯りがみえた。灯りを頼りに車で来てみるとここに着いた」「西原村の家は全壊、車で福岡の子供のところへ行く途中」「携帯の充電が切れて連絡できない」「携帯の充電をお願いできないか」との事情だった。玄関横に設置した充電用の配電が役に立つ時が来た。話を聞けば満足に食事はしてないとのこと。充電を待つ間におにぎりでよければどうぞと勧めた。充電が終わるとお礼を言われ、車で福岡方面へ向かわれた。

また、これより先にも灯りを頼りに施設に来た人がいた。「飲料用の水が無くて自動販売機を車で探し回っている」「どこも停電で自販機も使えない」「灯りがあるここならば自販機が使えるのでは」

残念ながら施設の自販機も全ての商品が売り切れだった。それならばと備蓄のペットボトルを数本分けてあげた。お礼を言われ帰路につかれた。

周りが真っ暗なら遠くの小さな灯りでも見えたのであろう。

灯りに吸い寄せられるように…。

■玄関横に携帯充電とインカムの充電場所を設置

携帯電話と院内PSHが充電できるように設置

4. 光明（震災後3日目）

平成28年4月18日月曜日　天気　曇り時々晴れ、最高気温17℃、最低気温12℃。急変した利用者の治療で寝たのかどうか記憶にない。

4-1 最重要優先事項

① 利用者の生命と安全確保

② 緊急臨時勤務体制の継続

③ 感染対策

④ リハによる廃用予防

　水と食事確保業務はこの日から消えた。目途が立ったからだ。

　水道水は、相変わらず白濁しているが心なしか薄らいで見える。頻回の給水車へ給水活動、地域自治体からの支援にて心配が一つ消えた。スタッフが頑張った結果だった。食材も確保の目途が立ったが1日2食は継続した。トイレは白濁した水道水を使って流したが、入浴は無理だった。

4-2 そろそろ限界

　震災後、利用者には入所生活の制約や協力をお願いしていた。しかし、男女1名ずつの方の協力が得られなかった。ある男性利用者は、「誰の命令でしているのか。覚えてオケ」と興奮された。第一優先事項の利用者の生命と安全の確保が、この興奮した利用者によって危うくなれば拘束も考えた。それでも利用者の精神状態はそろそろ限界に近付いていた。

4-3 地震と認知症

　震災前より認知症による徘徊をするおじいちゃんがいた。地震があってもなくても徘徊は全く変わらなかった。脳科学的には興味深いなと勝手に思っていたが、監視するスタッフは大変だった。

■徘徊の認知症利用者に付き添うスタッフ

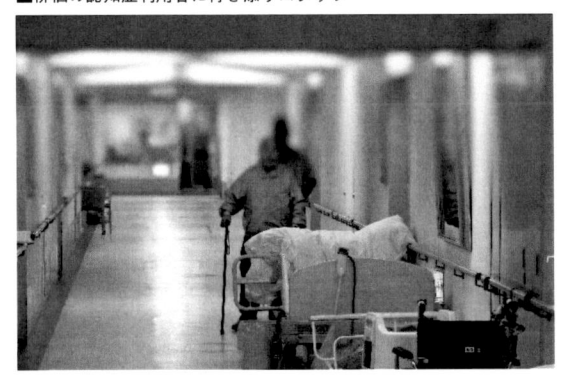

　認知面の低下で恐怖や不安などに対しての反応が鈍っているとの解釈もあるが、"戦争体験" もこの年代では大きく関与していると思う。あの生きるか死ぬかの極限的状態と焼け野原となった戦後を生き抜いた経験が、この大きな地震に打ち勝っていたと思う。毎年、周辺の小学校の体験学習の一環として、入所者との会話を原稿用紙にまとめて提出してもらう。その提出原稿での利用者の会話は、皆同じように戦争体験話だった。戦争が今でも大きな心の痛みとして残っているのは間違いない。

　昨日急変したおばあちゃんは自分での呼吸も強くなり、返事も戻ってくるようになった。

4-4 職員の被災情報

　被災状況が大きいスタッフの出勤は交代を立てた。また、南阿蘇の父と連絡取れないので行けるところまで行きたいとのスタッフの希望があ

り許可した。道路は寸断され通行止めだったが、やっと父と連絡が取れ無事を確認したとの結果報告が翌日あった。生存情報など聞くとよかったと安堵する。

4-5 近くにヘリの音

■空港へ向うヘリの音　© Google

　日中、今度は大きなヘリの音が断続的に聞こえた。昨夜のヘリの音とは違い、このヘリの音は間違いなく空港のヘリの音。空港が利用できるようになったのだ。益城町と西原村は空港のすぐ近く。人と支援物質、機器などの救いの手がすぐ近くまで来ていた。着実に近づいているのだ。光が見えた。

4-6 節約から消費へ

　この時期、支援物資はどんどん送られてくる。震災後に山積みとされた支援物質の東北の映像が浮かんだ。消費だ。節約、辛抱した時期から

消費、それも躊躇ない消費への転換時期だった。全スタッフにどんどん使え、使ってしまえと鼓舞したが辛抱癖は早々簡単には直らない。事務長には陰で「この期に不要な物品や調度品などは廃棄処分に出せ」「混乱に乗じて足らないものは遠慮なく貰え」など悪魔の囁きもした。

　また、コーヒーを途切れることなく沸かせて配り、ホールをコーヒーの香りで包んだ。きれいな天然飲料水で手足を拭いてあげたりした。今まで我慢していた洗顔、清拭にも飲料水を使ったが、とりわけ洗顔できることは女性スタッフには大好評だった。

　火曜日の夜明け前の景色は、幹線道路（通称東バイパス）には信号機と街灯の明かりが連なって見えてきた。施設周辺や遠方の家の灯りも多くなってきた。回復の兆しだった。夜が明けたら、施設内の灯りを全部点けて窓も全部開けよう。ここに生命の活力がみなぎっている気配を発するように全て開け放った。

4-7 地震酔い

　度重なる余震で揺れていないのに揺れたような錯覚（地震酔い）が出てきた。寝ても深夜1時と深夜4時ごろには決まってうなされて目が覚める。4か月経った今でも未だ戻らない。自覚はないが相当なダメージを受けたのだろう。

5. 安堵（震災後4日目）

平成28年4月19日火曜日　天気　晴れ、最高気温22℃、最低気温7℃。姿は見えないが救援の人の気配を感じ取れた。一般飛行便も再開の予定だった。時間と共に局面は目まぐるしく変わった。朝の6時頃菊陽町の役場職員2人が巡回、視察に施設まで来られた。現況のライフライン、物資などの聞き取り調査と現場視察だった。現在は人的あるいは物的支援の要請依頼はないことを回答、もし避難所として協力要請あれば、2階の約100人程度収容可能なホールの提供を伝えた。

5-1 最重要優先事項

① 利用者の生命と安全確保
② 感染予防対策
③ 廃用予防
④ 緊急時の臨時勤務体制は継続

①利用者の生命安全確保の最優先順位の変更はなかった。

②水道水の白濁は日々薄らいでは来ていたが、手指の洗浄にはもう一日待ってからの判断とした。飲料水以外のトイレや清拭程度の利用は許可した。シャワー浴は現場の要望もあり再開し、スタッフが手分けしての久しぶりのシャワーに利用者の顔も綻んだ。

③廃用とは、体を動かす時間が短いと筋肉は萎縮、器官の機能低下も

起こること。リハビリテーションを運動不足と血栓予防目的で積極的に進めた。運動によりストレス解消も出来ればと考えて。この時期、家族の面会も増えてお互いの無事を喜ぶ光景が見られた。また、全スタッフには前日同様物資の消費を励行した。

5-2 事務員増員の応援を要請

医療スタッフの支援要請は必要なかったが、支援物質の増加による仕分け作業、支払い延期などの事務的業務、倉庫の掃除や片付けなど事務業務が益々多くなると考えた。そこで法人本部に事務職2人の増員要請を申し出たところ2人の事務員派遣が叶った。

5-3 倉庫内の整理、掃除

この日施設で一番暇だったのは私だった。そこで私と女性スタッフ2人で物品倉庫の片付けと掃除、ついでに在庫数確認を行った。地震にて倉庫のスチール棚は倒れ、物品や書類が床一面に散乱していた。全ての物品や書類を倉庫から出して廊下に並べて在庫数確認作業を行った。在庫状況を把握してなければ配給や支援の依頼もかけられない。一石二鳥かな。

5-4 午後の定例ミーティング

午後からの定例ミーティングで、明日からは1日2食の食事提供と通所業務停止を除いて通常業務復帰の可能性が高いことを出席者に伝えた。最終判断は明日の午前中の定例ミーティングにて判断することとした。それまで通常業務の再開を前提に問題点の抽出をしておくように各部署に伝えた。

5-5 緊急搬送患者の発生

　夕方近くに今度は2階の利用者の下血報告を受けた。下血は暗赤色で出血量も多かった。経験上、輸血が必要で急に大出血を来して危なくなる可能性のあるケースだった。病院への受診、搬送の場合は、通常であれば相手に確認、了承の手続きを経て搬送する。しかし、この非常事態では急性期病院への直接搬送は未だ無理であった。そこで併設病院への搬送を決めた。いつもの手順と打診をしないで搬送したので病院サイドは明らかに不満顔だった。それでも気にすることは無かった。これが利用者の生命確保を第一優先とした非常時の行動と勝手に考えた。利用者の転院を依頼して施設へ戻った。

5-6 明日は…

　夕食には、おかずの品数も増え、避難家族の表情もやっと明るさが戻ってきている。

　夜更けの街は、幹線道路の灯りが連なり、家の灯りも遠くまで見える。もう大丈夫。

　余震回数も減り徐々に通常へ戻りつつあることを確信しながらリハ室の硬いベッドで寝た。

■余談

「パンツがない」

　4月14日の前震直後に家を飛び出してから6日間、着替えもなくシャワーも浴びてなかった。施設の水道水の白濁はもう一歩、シャワー浴は始めていた。シャワーでも浴びて着替えようと考えたら着替えのパンツがなかった。6日間、同じパンツを履いているなんて人には言えないし、余ったオムツをする訳もいかない。困った…。コンビニは店をしめている情報があり観念し始めた時、併設病院の売店にはあるのではと思い出

した。電話で問い合わせるとLサイズのトランクスが1枚あった。直ぐに買いに行ってもらいホッとする。下着の着替えも非常用品として何枚かパンツをリュックに入れておこうか…。

■パンツが…

機能性チェア（Pirouetto）

余談ついでのもう一つ。

今回の地震で家具や物品の転倒などはなかったが、キャスター付きの旧いタイプのスチール製の椅子が揺れに共振して大きな音を立ててあちこちへ動き回った。このスチール製の椅子は廃棄、こんな半立位姿勢タイプの椅子はどうだろうか。

■腰に負担が少ないチェア

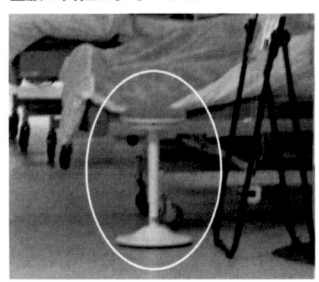

6. 施設を後にして（震災後5日目）

平成28年4月20日水曜日　天気　晴れ、最高気温25℃、最低気温8℃。天気予報は快晴で日中は5月下旬なみの25℃まで上昇する予報。早朝は放射冷却現象で8℃と寒かった。しかし、澄んだ空気で清々しい朝だった。忘れていた鶯の声とスズメの鳴き声が蘇っていた。あ〜戻った。春の息吹に触れた。

6-1 試金犬（石）

　普段から玄関前の水まきは私の仕事だった。今日もホースを使って水をまき始めた。水の白濁した色が随分と薄くなっている。メダカ飼育用の大きなハスの鉢に、ホースで水を流し貯めてみると透けて透明感があった。しばらくそのまま流し続けていた。

■試金犬（石）

　その時、小型の室内犬と一緒に避難されている御婦人が犬の散歩から戻ってこられた。すると犬は流し続けている水に近付きガブ飲み始めた。おいしそうに水道水を飲んでいる。本能的な動物が飲む水なら大丈

夫と確信した。試金石ならず試金犬。話のついでにその小型犬はミネラルウォーターはあまり飲まなかったそうだ。おいしそうに飲む我が家の犬の姿を見て御婦人もうれしそうな笑顔だった。

6-2 最後の最重要優先事項と本部の解散

施設の被災状況、ライフライン、入所者の症状、スタッフの状況などの報告を各部署長から受け、通常業務に戻すことを決めた。

ホールの避難者は各居室に戻し、入所依頼などは現場で話し合いながら受け入れる方針とした。最後に緊急対策実施本部は解散宣言した。やっと辛い日々が終わろうとしていた。さらに、盗みは即解雇の臨時命令も撤回した。

6-3 自宅は…

自宅には本震後に一度電話を入れたきり電話してない。「何かあったら電話をくれ」の言葉を信じてくれた。電話口にて、「皆無事だが中太（飼い犬の名）の元気がない」「室内の整理、掃除は済んだが娘と犬と車中泊が続いている」「停電でトイレは小学校のトイレで済ませている」などまくしたて始めた。「わかったわかった。今から帰る」と電話を切った。

6-4 施設長室の掃除

日常業務を行う施設長室も16日の本震で時間が止まっていた。スチール棚は自分で固定具にて固定していたので倒壊は免れた。散乱している書類と本を整理しながら、ここまでかとの思いが湧いてきた。これからの自宅の修理、片付けと施設の早い復興作業と自分の心身の状態とを秤にかけた。結果、「もうよかろ」が最終判断だった。

6-5 熱帯魚との悲しい別れ

　施設を辞するに際し、辛い仕事がもう一つ。熱帯魚だ。度重なる地震の揺れでも水槽は倒れなかった。水槽関連の電気を全て消していた（延長コードが必要だった）。餌もやっていない。

　しかし、熱帯魚は皆無事だった。後日、熱帯魚ショップの店長から話を聞いた。春で水温の上昇が少なかった事と餌をやらなかったので魚の活動性が低下して酸素消費が少なかったのが原因との話だった。

　しかし、施設を辞するに際して熱帯魚の始末が必要だった。この非常事態時に熱帯魚の世話まで押し付けることはできない。飼いはじめに飼えなくなったら自分の手で始末すると決めていた。

　水槽内に塩素系消毒薬を投入した。しばらくするともがき、苦しみ、暴れている熱帯魚の跳ねる音を聞いていると涙が溢れてきて止まらなかった。今回の地震で一番悲しい時だった。

　流れる涙が止まるまで待つことなく施設を出て自宅へ向かった。

■追記

〜回復の息吹に触れて〜

　本文でもふれたように施設は小高い丘の上に建っている。玄関前の展望からは北東に阿蘇方面の景色が広がって見える。手前に空港へ向かう通称国体道路、その先には阿蘇へ向かう通称東バイパスの2本の道路が西から東へ向かう。施設周辺は田畑に囲まれ、夜には道路沿いの信号機の明かりが連なり、遠くに街の灯が点在する。

　震災直後にはこの景色が著変した。しかし、毎日少しずつ元に戻っていった。このイラストは震災直後から回復へ向かう過程の施設から見た深夜の夜景スケッチである。変化していく景色からも復興への力をもらった。

本震２日目（日曜日の朝）

　本震直後の日曜日の深夜の街は、音もなく漆黒の闇に包まれていた。幹線道路の信号機や家の灯りもなかった。恐ろしく静寂な夜だった。

■4月17日早朝の風景

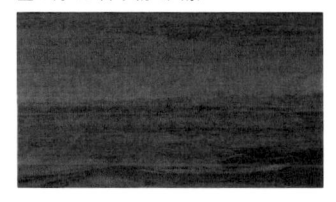

本震３日目（月曜日の朝）

　月曜日の夜明け前の街は、遠くヘリの音が聞こえてきた運動公園方向を見ると昨夜とは違い道路と家の灯りが少ないながらもポツポツと見える。

■4月18日早朝の風景

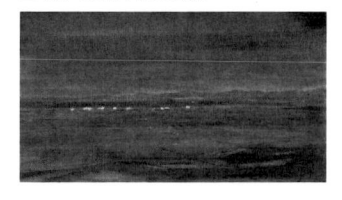

本震４日目（火曜日の朝）

　火曜日の夜明け前の街の景色は、幹線道路（通称東バイパス）には信号機と街灯の明かりが連なって見えた。施設周辺や遠方の家の灯りも多くなり、はっきりとした回復の兆しであった。

■4月19日早朝の風景

本震5日目（水曜日の朝）

　水曜日の夜更けの街は、幹線道路の明かりが連なり、家の灯りも遠くまで見える。元の景色へ戻った。深夜はかなりの冷え込みであったが、凛とした冷たい空気だった。

■4月20日早朝の風景

■追記

　今回の熊本地震では、震源地中心に近い場所であったにもかかわらず建物、利用者、職員は全て無事だった。その要因は、先代理事長が建てられた施設と併設病院の非常用自家発電であった。そして職員の頑張り。それ以外なかった。

先代理事長先生の想いがこもった施設に守られて

　施設は、平成3年10月開設である。

　通称第一空港線を空港方向へ車を走らせると、空港への上り道手前の右側に併設病院が立っている。施設へ向かう病院横のなだらかな坂道は

桜並木となっており、春には毎年美しく見事な桜の花を咲かせてくれる。坂道を最後まで登り切ると老健施設に辿り着く。周りを木々で囲まれ、喧騒から解き放たれた静かな空間にモダンな平屋の建物が立っている。建物は四半世紀経った今でも古さは感じない。玄関前のバルコニーからは遠く阿蘇を眺望できる。

　施設は、山を切り開き岩盤の基礎の上に建てたと聞いている。先代理事長が想いを込めて贅を尽くした施設は、テーブルに置いてあった紙コップが倒れないほどの耐震構造が堅固な建物だった。先代理事長のこの施設が我々をお守り下さった。

コジェネレーションに助けられて

　併設病院は、約10年前から発電中心の重油によるコジェネレーション（非常用自家発電）が稼働している。これは、毎年夏季の落雷で停電していた経験と事務長の中期的エネルギー構想、リスクマネジメント発想より進められてきた。最近は重油価格が高騰してきたことなどで結構負担は嵩んできていた。九州電力からの送電が停止すると数秒以内に自家発電に切り替わる仕組みだ。この電気があったからこそ今度の地震では救われた。非常に大きな力を生み出した設備だった。事務長さんにも助けられた。

■施設へのアプローチ © Google

■併設病院敷地内にあるコジェネレーション設備 © Google

巻末：役に立ったグッズ

1. 防災リュック

　今回はリュックに収納されているグッズの利用機会はなかったが、定番の必需品。

2. 携帯ラジオ

　音量を上げると他人も聞ける。情報源としては携帯電話より上。

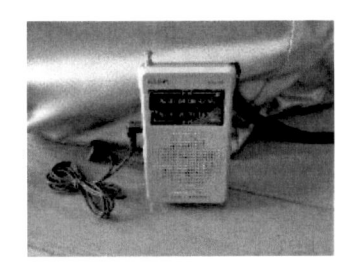

3. 笛

　2個100円の安い笛。各種イベントで使用するので緊急時は探し出せない。リュックのサイドポケットに入れておいた方が確実。

4. ヘルメット

軽くて被っていても疲れないが、なにせ蒸せる。小1時間で汗が頭から吹き出す。戦争映画でよく俳優がヘルメットを被っていなかったのは…。

5. ホワイトボードとマーカー

サイズが小さいボードも場所取らず移動もできて使い勝手がいい。マーカーの色も豊富にあり、ガラス窓にも書けて水拭きで消せるタイプもある。

文房具グッズは案外災害時も役に立つ。

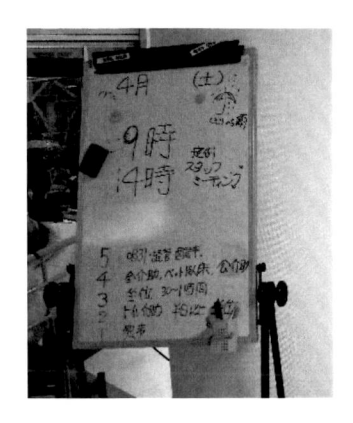

6. リール型延長コード

　屋外でも使用できてコードが長いので良い。混線や通路の邪魔にならない様に。

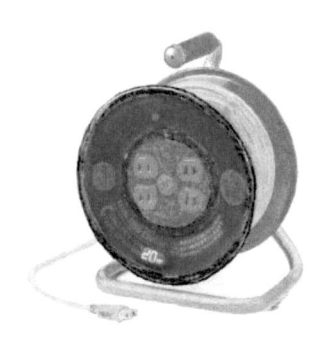

7. 救急カート後面の配電盤

　救命医療器具や薬品を入れた台車。救急救命時に移動させる。カートの後面に配電盤があるので知っておけば役に立つ。

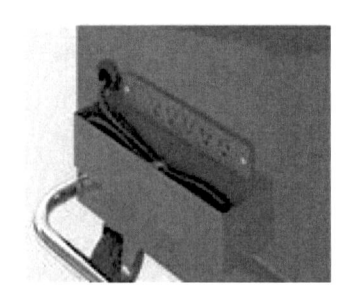

8. 延長コード

　熱帯魚の飼育にはポンプ、保温、光源など電気は不可欠。それゆえタップ付き延長コードが数本必要。今回の震災では大いに役に立った。

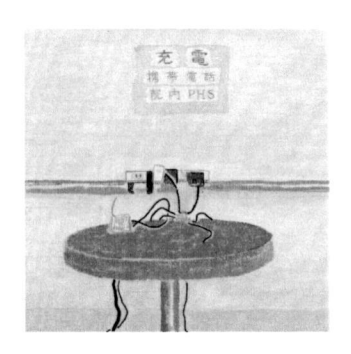

9. タイバンド（園芸用）

　園芸用のタイバンドは、ビニール帯の中央に柔らかい平針金が入っている。この手のタイプは必要な長さに切れる。結んだり、仮止めするグッズとしては最高のグッズ。

10. キッチンペーパー

ティッシュペーパーは肌触りが良く、水をよく吸い取るがコスト高。体を拭いたりするのを除けばキッチンペーパーが良い。水回りの管理が多い熱帯魚飼育で重宝する。

11. ウォーターサーバー

2年前に利用者と職員が自由に冷水を飲めるように設置を始めた。レンタルで業者が定期的に補充してくれる。暑い夏の送迎業務や入浴介助業務、訪問リハ業務後には好評。

しかし、今回の震災ではこのストック用の水が非常に役に立った。サントリーのホームページでも災害非常用のリザーバーの水として紹介されている。

但し、手軽にストックの水が交換できるようにカセット式になっているので専用のコックが必要だ。専用コック無しでは水を移し分けるのは

非常に難しい。

■カセット式なので交換は簡単

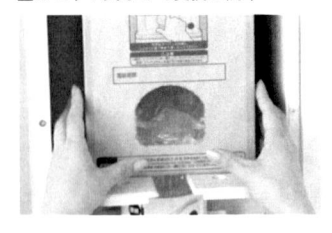

■専用のコックをつけなければ分注できない

12. ホース（熱帯魚用）

　ストック水を移し分けるには、熱帯魚の水槽を掃除する時に使用するホースが役に立った。口にホースを入れてサイホンの原理で水を移し替えた。支援の水を分けたり、移し替えるには工夫がいる。ピットホール。

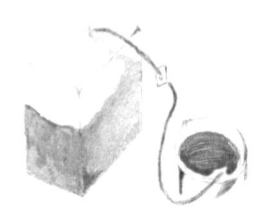

13. インカム

元々は、イベントの際にリーダーとスタッフ間の指示や情報のやり取りをするために昨年10台購入した。本当の狙いは、通常業務にハンズフリーでケアするのが目的だった。

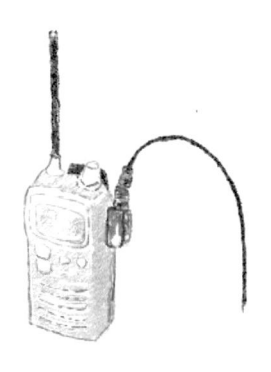

　非常時で混乱している時は院内PHSよりインカムが数段優れている。インカムはスタッフ間でも好評だった。

■玄関横にインカム充電エリアを設置

14. 機能性チェア（Pirouetto）

　キャスター付きのスチールの椅子は、地震の揺れであっちこっち動き回り障害物となった。また、大きな音が喧しかった。

震災前の3月上旬、支柱が全方向に傾き、半立位姿勢にて腰に負担が少ない機能性スツールをデモとして2脚購入した。

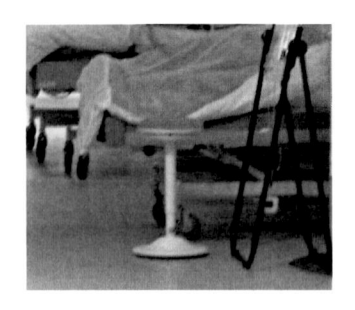

　震災でも倒れることなく、場所も取らず、腰への負担も軽減できて、すぐ行動できる姿勢がいい。平成28年1月発売の岡村製作所のオフィス製品。

■腰への負担が少ない半立位姿勢

あとがき

　今、執筆をしているのは8月、熊本地震から4か月が経過したが遠い過去の出来事のようで、本当に自分が遭遇したのだろうかと実感が薄れかけている。

　それと同時に、この本でまとめた震災直後の行動は、果たして良かったのだろうかと自問自答している。あれは少し大袈裟、そこまでやる必要はなかったのではと…。しかし、今でも震度1〜2の余震でもあの恐怖が蘇ってくる。元来、気が小さく小心者のため有事に際しては躊躇せずに行動を起こし、徹底的にやってしまう性格なのだ。

　今度の震災の行動、考えの基盤は、東日本大震災にある。東日本大震災は、我々の経験値を遥かに超えた被災状況や経過、特に今何が起こっているのかいつも私たちに語り掛け、被災者の方々の姿、行動や映像が今回教え助けてくれた。

　「いつまでの辛抱か…」「ライフラインの回復過程は…」「支援はいつ、だれが…」「リハビリは早くから…」などたくさん教えてくれた。

　この本は、そうした我々の経験を遥かに超えた災害に遭遇した時、少しでも役に立つことを願い筆を下す。

　最後に私の心の拠りどころとなっている言葉を2つ。
　「自然から頂戴しろ。そして謙虚に、つつましく生きろ」（北の国から2002遺言より）
　「苦境にあっても天を恨まず、運命に耐え助け合っていくことが、これからの私達の使命です。」（平成二三年　階上中学校卒業式答辞）

平成28年8月吉日

著者紹介

中村 太造 （なかむら たいぞう）

1957年（昭和32年）、熊本市の生まれ。
医学部卒業後は、内科医として県内の病院に勤務する。2014年（平成26年）から2年間介護老人保健施設の施設長として勤務する。
趣味は、ガーデニングと熱帯魚飼育。

◎本書スタッフ
アートディレクター/表紙フォーマット設計：岡田 章志＋GY
表紙デザイン：BRIDGE KUMAMOTO —大石愛（kiiromori）
編集：江藤 玲子
デジタル編集：栗原 翔

《BRIDGE KUMAMOTO》
平成28年熊本地震をきっかけに生まれた、「熊本の創造的な復興の架け橋となること」を目標とした、熊本県内外のクリエイターおよび支援者の団体です。
クリエイティブ制作、イベント企画、商品開発など、クリエイターや企業の様々な共創を生むことで、外部の支援だけに頼らない自立した復興プラン作りを行っています。http://bridgekumamoto.com/
本書の表紙はBRIDGE KUMAMOTOの活動に賛同した、熊本在住の若手グラフィックデザイナーが制作しました。

●本書の内容についてのお問い合わせ先
株式会社インプレスR&D　メール窓口
np-info@impress.co.jp
件名に「『本書名』問い合わせ係」と明記してお送りください。
電話やFAX、郵便でのご質問にはお答えできません。返信までには、しばらくお時間をいただく場合があります。なお、本書の範囲を超えるご質問にはお答えしかねますので、あらかじめご了承ください。
また、本書の内容についてはNextPublishingオフィシャルWebサイトにて情報を公開しております。
http://nextpublishing.jp/

●落丁・乱丁本はお手数ですが、インプレスカスタマーセンターまでお送りください。送料弊社負担にてお取り替えさせていただきます。但し、古書店で購入されたものについてはお取り替えできません。

■読者の窓口
インプレスカスタマーセンター
〒101-0051
東京都千代田区神田神保町一丁目105番地
TEL 03-6837-5016 ／ FAX 03-6837-5023
info@impress.co.jp

■書店／販売店のご注文窓口
株式会社インプレス受注センター
TEL 048-449-8040 ／ FAX 048-449-8041

震災ドキュメント

熊本地震　老健施設7日間の奮闘記

2016年10月28日　初版発行Ver.1.0（PDF版）

著　者　　　中村 太造
編集人　　　桜井 徹
発行人　　　井芹 昌信
発　行　　　株式会社インプレスR&D
　　　　　　〒101-0051　東京都千代田区神田神保町一丁目105番地
　　　　　　http://nextpublishing.jp
発　売　　　株式会社インプレス
　　　　　　〒101-0051　東京都千代田区神田神保町一丁目105番地

印刷・製本　京葉流通倉庫株式会社
Printed in Japan
ISBN978-4-8443-9731-1

NextPublishing®

◉本書はNextPublishingメソッドによって発行されています。
NextPublishingメソッドは株式会社インプレスR&Dが開発した、電子書籍と印刷書籍を同時発行できるデジタルファースト型の新出版方式です。http://nextpublishing.jp/